W0201294

DULCEIDA
GUÍA DE ESTILO

Aida Domènech

DULCEIDA
GUÍA DE ESTILO

LIBROS CÚPULA

No se permite la reproducción total o parcial de este libro, ni su incorporación a un sistema informático, ni su transmisión en cualquier forma o por cualquier medio, sea éste electrónico, mecánico, por fotocopia, por grabación u otros métodos, sin el permiso previo y por escrito del editor. La infracción de los derechos mencionados puede ser constitutiva de delito contra la propiedad intelectual (Art. 270 y siguientes del Código Penal).

Diríjase a CEDRO (Centro Español de Derechos Reprográficos) si necesita fotocopiar o escanear algún fragmento de esta obra. Puede contactar con CEDRO a través de la web www.conlicencia.com o por teléfono en el 91 702 19 70 / 93 272 04 47.

© del texto: Aida Domènech, 2016
© de la fotografía de cubierta: Lucas Lóren
© de las fotografías de interior: Sergi Gómez (Spring/Summer); Albert Mullor (Crazy Life of Shoes!, Make up and Hair!); Gerard Estadella (Rythm of the Night); Javi Oller (Fall/Winter); Lucas Lóren (pp. 172-173, 182-183, 184-185); nito/Shutterstock, Kobby Dagan/Shutterstock (p. 42); Simply Photos/Shutterstock (p. 43); Ronnie Chua/Shutterstock (p. 49); Denis Rozhnovsky/Shutterstock (p. 57); Aida Domènech (resto de fotos)

Diseño: www.rudydelafuente.com

Primera edición: marzo de 2016
Segunda impresión: abril de 2016

© Editorial Planeta, S. A., 2016
Av. Diagonal, 662-664, 08034 Barcelona (España)
Libros Cúpula es marca registrada por Editorial Planeta, S. A.
www.planetadelibros.com

ISBN: 978-84-480-2213-6
D. L: B. 29.282-2015

Impresión: Talleres Gráficos Soler

Impreso en España - *Printed in Spain*

ÍNDICE

A mi madre,
por enseñarme a vivir, a amar y hacerme feliz.
A Siscu y a Narcís, mis abuelos, mis ángeles.
Porque sé que estarían orgullosos de mí.

PRÓLOGO

Por @SergiPedrero

Según tengo entendido, esto es lo primero que vais a leer cuando abráis el libro de mi representada y mejor amiga, Aida Domènech. Qué responsabilidad, ¿no? ¿Y qué os cuento yo que esté a la altura del resto? Quizá debería optar por venderos el producto, deciros que es una buena compra, que no os arrepentiréis... A eso me dedico precisamente, al marketing. Pero no nos engañemos: en realidad, la mayoría de vosotros ya lo tenéis más que decidido, el prólogo es tan sólo esa parte por la que hay que pasar o que incluso os saltaréis; sabéis perfectamente quién es Dulceida y lo que podéis esperar de su guía de estilo. A todos vosotros, los Dulceidos como yo, sólo os puedo adelantar que, efectivamente, este libro tiene todo lo que queríais: outfits inéditos, consejos, tiendas donde comprar la ropa que veis en el blog, guías de viaje para encontrar aquellos lugares a los que disteis like en Instagram... Y por supuesto también esa parte personal que Aida deja entrever en todo lo que hace: su visión de la vida, sus valores, sentimientos...

La he visto pasarse horas y horas encerrada en su habitación escogiendo los looks que vais a ver a continuación, estar días enteros fuera de casa fotografiándolos hasta que se ponía el sol, pasarse noches en vela con Spotify de fondo buscando inspiración para los textos que estáis a punto de leer. Cada foto ha sido seleccionada minuciosamente por ella misma, ocupa el lugar exacto que le ha designado; nada es casual, hasta los espacios en blanco son premeditados.

Desde el principio tenía muy claro de qué quería hablaros, qué quería mostrar y cómo quería hacerlo. Este no es sino el resultado de su esfuerzo, su ilusión, sus ganas y, sobre todo, de su amor por todos vosotros, su «familia de internet», como ella os llama. Os quiere tanto, os está tan agradecida y os respeta de tal manera que jamás toleraría que gastarais dinero en algo suyo y que ese algo no fuera menos que perfecto a sus ojos. Disfrutadlo tanto como ella ha disfrutado haciéndolo, es vuestro.

Y a los que no sepáis quién es Aida o sólo la conozcáis de oídas, a los que estáis chafardeando estas páginas simplemente tentados por el fotón de la portada, a todos vosotros os puedo asegurar que estáis adquiriendo un trocito del alma de la mejor blogger de moda de este país y una de las mejores del mundo, esa con la que todas las marcas quieren colaborar y a la que todas las chicas quieren imitar. No lo digo yo, lo dicen sus cientos de miles de seguidores alrededor del globo y todos y cada uno de nuestros clientes, entre los que se encuentran las agencias y empresas de moda y *lifestyle* más importantes. Algo útil e interesante podrá aportaros esta chica tan mona de Badalona que, sin ayuda de los medios de comunicación, sólo sirviéndose de internet, ha llegado a lo más alto, ¿no? ¿Cuál será su secreto?: ¿Su personalidad arrolladora?, ¿su naturalidad?, ¿su visión particular de la moda?, ¿su talento para posar ante la cámara?, ¿su sensibilidad artística?... Después de leer esta guía de estilo quizá obtengas tu propia explicación al fenómeno Dulceida.

INTRODUCCIÓN

Y AQUÍ ESTOY, con un gusanillo en la barriga y unos nervios inocentes, con veintiséis años y escribiendo mi propio libro... ¿Quién me lo hubiera dicho? La pasión por la moda me empezó en la adolescencia, cuando tenía unos dieciséis años; unos años después descubrí el mundo de internet y las primeras redes sociales, como era el Fotolog.

Desde muy pequeña me ha encantado posar ante una cámara; hace que me sienta libre y capaz de mostrar lo que yo quiera. Con Fotolog, la primera red social de éxito, vi que podía mostrar esto al mundo, un mundo que empezó por mis amigos y conocidos. No sé cuándo ni cómo me empezaron a visitar desconocidos, ni cuándo comenzó el fenómeno de los blogs, aunque de fenómeno, en 2008, ya no tenía nada. Me di cuenta de que era un escaparate para mostrar más de mí, de mi pasión y mi visión sobre la moda.

Y eso hice: creé du ceida.com, un simple dominio que me ha cambiado la vida, que me ha transformado en lo personal y en lo profesional. Pero yo todo eso no lo sabía, ni me lo podía llegar a imaginar. Con diecinueve años, sólo era una niña rebelde, poco responsable y que no sabía muy bien por dónde ir. Sin darme cuenta, la ilusión por lo que estaba haciendo y las ganas con las que lo hacía me llenaban de energía y fuerza; cada vez preparaba mejores contenidos, mejores fotos y mejores looks. Me pasaba horas y horas pegada a la pantalla del ordenador viendo revistas de moda, descubriendo a diseñadores como Balmain y a bloggers o iconos como, en ese momento, Mary Kate Olsen; inspiraciones que me llenaban por dentro y gracias a las cuales estoy donde estoy. Cada día era mejor, cada día disfrutaba más de lo que hacía. Empezaron a aumentar las visitas a mi blog: 1.000, 2.000.... Hasta llegar a 20.000 visitas diarias, de todos los países.

Empecé a trabajar con marcas sin entender muy bien el poder que tenía, sin saber cuál era la repercusión que causaba, sin darme cuenta de que me había convertido en una persona influyente. Algo que empezó como un precioso hobby, ahora es mi trabajo. Y me llena de felicidad poder decir eso, poder contaros mi historia.

A día de hoy, me sigo ilusionando con cada trabajo nuevo, con cada propuesta, y pongo las mismas ganas e ilusión que antes en todo lo que hago, porque soy muy afortunada: mi trabajo me llena y me hace feliz.

A finales de 2014 abrí mi canal de YouTube, y desde entonces subo un vídeo semanal; ahora mismo, no podría vivir sin hacerlo. Gracias a estos siete años dedicándome exclusivamente a la moda, al blog y a las redes sociales he crecido como persona, he madurado y soy responsable, aunque no deje de ser una despistada. Y tengo mucha ambición: no me quiero quedar aquí, quiero seguir cumpliendo sueños y alcanzando metas, con vosotros y con los míos.

Me han pasado cosas malas y cosas muy buenas, y de todas he aprendido.
He aprendido a querer más a los míos y he descubierto una nueva familia, mi familia de la red, vosotros, los que me arrancáis sonrisas, me emocionáis con vuestros mensajes y me hacéis tener más ganas, si cabe, de seguir al pie del cañón, pase lo que pase.

Y este libro no podía tratar de otra cosa: la moda y mi visión de ella, mis recomendaciones, mis gustos y, como siempre, algún que otro sentimiento. Lo he preparado con mucho amor y con gente maravillosa, para que sigamos aprendiendo y divirtiéndonos juntos.

Pero antes de que cambiéis de página, quiero deciros una cosa a todos los que ahora mismo me tenéis en las manos, a los de siempre, a los de hace poco y a los nuevos: siempre he tenido las cosas muy claras, unas metas que alcanzar y unos sueños que cumplir, y estoy orgullosa, porque hoy os puedo decir que con trabajo, ganas e ilusión, todo puede hacerse realidad; sólo hay que creer y LUCHAR.

¡MUCHO, MUCHO, MUCHO AMOR Y GRACIAS POR ELEGIRME!

DULCEIDA'S TEAM

Algo que empecé yo sola ahora tiene un pequeño gran equipo detrás, que trabaja conmigo con las mismas ganas e ilusión que yo. Por suerte, estoy rodeada de artistas y tengo el placer de poder trabajar con ellos.

Sergi Pedrero. Mi mano derecha, mi representante, además de amigo. Él se encarga de todas las contrataciones, es decir, habla con los clientes que me escriben con sus propuestas, negocia, adapta esas colaboraciones a mi estilo y está al corriente de todos esos miles de emails que recibo día a día, además de asesorarme con su experiencia cuando tengo dudas.

Anna Pascual. Mi contable. Se encarga de los números, de que todo esté al día y en orden; un duro trabajo que hace sin perder la sonrisa.

Lucas Lóren. Se encarga del montaje de todos mis vídeos de YouTube. Casi nunca tengo que pedirle ningún cambio, porque ya me conoce tan bien que sabe perfectamente lo que me gusta y lo que no. Además, tiene un gusto exquisito, que demuestra todos los miércoles en mi canal, después de las horas que dedica al montaje.

Javi Oller. Con su técnica perfecta, realiza la mayoría de las fotografías de mi blog; es el rey del *street style*.

Nacho Duyos. Traduce todos mis textos del blog al inglés; estudió traducción y siempre está al pie del cañón. Con su master en periodismo internacional, a principios de 2016, se quedó con los jueves en Dulceida (dulceida.com) y escribe artículos siempre relacionados con la moda.

Estos son los cinco pilares del equipo, los que prácticamente comparten el día a día conmigo, pero hay más gente que me ayuda, como **Albert Mullor**, fotógrafo por amor (de momento, ya que sé que algún día será aclamado por todos), con un talento que hace que cada vez me alucine más su trabajo. Con su estilo único, me hace siempre las mejores fotos; él y su cámara me inspiran, y sus fotos dicen MUCHAS COSAS. **Laura Pedro**, que aparte de ser mi mejor amiga fue quien me enseñó a pinchar y quien me acompaña, a veces, a los eventos para que yo me sienta segura y no haya error posible; además, tiene arte detrás de la cámara y también me hace fotos. **Sergi Gómez**, el chico de la paciencia infinita conmigo; con su toque único, sabe fotografiarme mejor que nadie después de ser mi mano derecha durante cuatro años. **Ana Sting**, con quien no nos vemos muy a menudo, pero cuando lo hacemos, con su inspiración pura, ¡me hace fo-to-nes!

¿Y qué hago yo? Pues yo recibo muchos de los emails que luego Sergi cierra, los leo y decido. Siempre he tenido las ideas muy claras y sé lo que quiero hacer y lo que no, lo que encaja con mi perfil y lo que no. Si digo que no, por mucho dinero que haya detrás, no suelo cambiar de opinión. Siempre trabajo con marcas que me gustan. Siempre estoy al tanto de todas las contrataciones que Sergi lleva, y hablamos a todas horas para cerrar y decidir. Escojo todas las localizaciones para las fotografías, y una vez realizadas, las selecciono, las edito, las numero y las subo al blog con sus textos correspondientes. ¡Muchas horas delante de la pantallita!! Más horas aún me paso frente al armario, creando looks y looks para tener material nuevo todos los días, tanto en el blog como en las redes sociales. Cuando pincho en algún evento, preparo mis sesiones para que sean perfectas. Miro muchos vídeos en YouTube para inspirarme, pienso los temas, me hago guiones fáciles, y de ahí salen los vídeos. Suelo rodar dos por semana, sola o con Lucas. Y luego mis días se llenan de reuniones, sesiones, rodajes, *fittings* y viajes. Y todo esto, rodeada de gente maravillosa, hace DULCEIDA.

AMOR

Una palabra mágica, un sentimiento que revoluciona nuestro cuerpo y nuestro corazón. Por el que luchamos, por el que sonreímos, por el que hacemos las mayores locuras del mundo. Déjate llevar, sonríe. Siente mariposas en el estómago.

Me gusta que me quieran pero, sobre todo, me gusta querer. Me gusta hacer que se sienta especial, que no deje de sonreír, que sueñe a mi lado..

Aprender a querer cada día mejor. Perderte en un abrazo, perderte en sus brazos. Sábanas blancas y mañanas llenas de cacaolats. Miedo, fuerza, pasión, locura. Todo llega y todo pasa por algo. Echar de menos, bonito y difícil a la vez.

¿Sabéis cuál es uno de mis sueños? Sueño con casarme, con hacer una celebración de esto que tanto me gusta, el amor. Celebrar el amor, celebrar mi amor. Llevar un vestido blanco, largo y precioso. Bailar sin parar, llorar y reír rodeada de los míos, con la brisa del mar rozando nuestros corazones. Y se cumplirá porque, recordad: todo lo que deseamos, todo lo real que ansiamos con fuerza y amor, llega.

Un sentimiento del que no podría prescindir. Lo he hecho bien, lo he hecho mal, pero siempre he aprendido, para bien o para mal. Siempre he dado lo mejor de mí, y lo más importante de todo, siempre me he dejado llevar. Dejarte llevar. Enamorarte. Quedarte embobada mirando su cara, mirando sus ojos... Ponerte nerviosa cuando te mira fijamente y no ser capaz de aguantar una mirada. Pasarte dos horas en el espejo cada vez que vas a ver a esa persona. Confianza. Confiar en tu pareja y convertirla en tu mejor confidente.

No esperes acostumbrarte, no esperes cansarte, no dejes que esa magia desaparezca jamás, cuídalo, cuida el amor. Y ahora, cierra los ojos y piensa en algo que te transporte a un momento de máxima felicidad y energía con tu pareja, con tu amor o con un amor del pasado; ponte una melodía en la cabeza, date unos segundos y sonríe, sólo sonríe. Hazme caso, cierra los ojos y hazlo.

AMISTAD

Valorar. Hay que valorar la amistad y no tener miedo a equivocarse. Los amigos van y vienen, pero los importantes siempre dejan huella. Siempre están a tu lado y te entienden con sólo una mirada. Yo valoro muchísimo la amistad, y doy mucho por esas personas que me llenan de buenos momentos, que me colman de felicidad, que forman parte de mi familia.

Aunque pasemos por malos momentos, es precioso que tu hombro sirva para dar cariño cuando un amigo te necesita, que un abrazo lo sea todo en ese momento. Siempre recordaré un día en el que una de mis mejores amigas, una de mis personitas favoritas en el mundo, llegó a un evento donde había mucha gente, y entre esa gente estaba yo. La vi, la miré a los ojos y supe que le pasaba algo, pero antes de que pudiera decirle nada, se tiró a mí, me abrazó muy fuerte y rompió a llorar. Aunque es triste, es increíblemente bonito que seamos necesarios los unos para los otros, que juntos podamos superar esos malos momentos, esos desamores, y convertirlos simplemente en recuerdos.

Saber lo que está pensando, las sonrisas cómplices, saber cómo subir el ánimo a alguien con sólo una palabra. A veces, el silencio entre dos amigos puede ser precioso. Tengo lejos a mi mejor amigo y no sabéis cómo lo echo de menos; pienso mucho en aquellos momentos de silencio que pasábamos en mi habitación, tirados en la cama, mirando el techo o los teléfonos; echo de menos hasta ese silencio. Si la amistad tuviera nombre de persona, la mía se llamaría David, David Pérez González. La persona que mejor me entiende, que más me ha ayudado, con la que he tenido más ataques de risa de esos que te duele la barriga, con la que más me he emborrachado, con la que todo vale, con la que he sido capaz e incapaz, guapo por dentro y por fuera.

Y las hermanas Peláez... Sandra es la única persona con la que me gusta ir de compras y la única persona que no me pone de mal humor si me despierta con música y con luz. Irene, la reina de las tarimas, que hace que ame el reggaetón, mi mayor confidente, mi hermana.

Laura Pedro, mi mejor amiga desde siempre y para siempre; con ella soy más valiente. Sergi es con quien más discuto, pero con quien más comparto; aprendo mucho de él y me hace ser mejor persona.

Sin ellos, sin Albert, Lucas y Javi, ¿qué sería de mí sin ellos? ¿Qué sería de vosotros sin esos amigos que tan felices nos hacen? Valora la amistad ante todo, porque si es de verdad, si es buena, tus amigos siempre estarán ahí. Tu felicidad será su felicidad y al revés. Se alegrarán de tus logros y te apoyarán en tus mayores pesadillas. Bailarás y reirás sin parar con ellos, discutirás y te reconciliarás como si nada hubiera pasado.

No juzgues, los amigos no lo hacen. Te van a defender hasta en lo indefendible. Siempre tendréis algo que decir, algo sobre lo que hablar, nunca faltará la conversación. Valora la amistad. Quiere y déjate querer.

FAMILIA

La familia, lo más valioso e importante del mundo. Cuídala, cuídala todos los días. Las madres que, ilusionadas, nos llevan nueve meses en la barriga; que darían la vida por nosotros; para las que, por mucho que nos hagamos mayores, siempre seremos sus pequeños.

Mi madre es mi mejor amiga, la persona a la que más quiero en el mundo, la persona que ha creído siempre en mí, mi confidente. Me ha dado esa libertad de poder escogerla como amiga, de no tener que esconderle nada, y me ha enseñado a luchar y a ser fuerte. Alguien diferente y único en el mundo, ésas son nuestras madres. Hay que decirles que las queremos, hay que mimarlas como tanto lo han hecho ellas con nosotros.

Los padres protectores. Mi padre es un gruñón, un gruñón achuchable que jamás me ha fallado, que siempre que lo necesito parece que tenga el poder de teletransportarse y estar a mi lado en un segundo. Con él me siento segura, nada malo me puede pasar si él está a mi lado; me hace invencible.

Mi hermano, mi pequeño gigante. Él es mi otra mitad, tan distintos pero iguales a la vez. Con él tengo un instinto protector, nada malo le puede pasar. Lucho con él y por él, y todas sus sonrisas son mis sonrisas, su felicidad es mi felicidad.

Llama a tus abuelos. Siempre se alegran de oír a sus nietos. Y recuerda a los que ya no están, porque siempre te acompañan, te dan fuerza y te cuidan.

Que no sólo Navidad sea una fecha importante para pasar buenos ratos con tu familia. Ellos, mi familia, me han enseñado, me han inculcado los valores más importantes: respeto, libertad, decisión, amor y fuerza. Además de amarlos, los admiro. Los admiro porque no todo es de color rosa, porque ellos me han hecho creer en todo lo que creo, porque me han educado de la mejor manera posible; me han dejado decidir en todo momento, me han apoyado y jamás me han juzgado, me han dejado equivocarme, me han criado libre y sin prejuicios, y les estoy eternamente agradecida. Me han enseñado a vivir, a vivir feliz.

MI MAPA DEL MUNDO

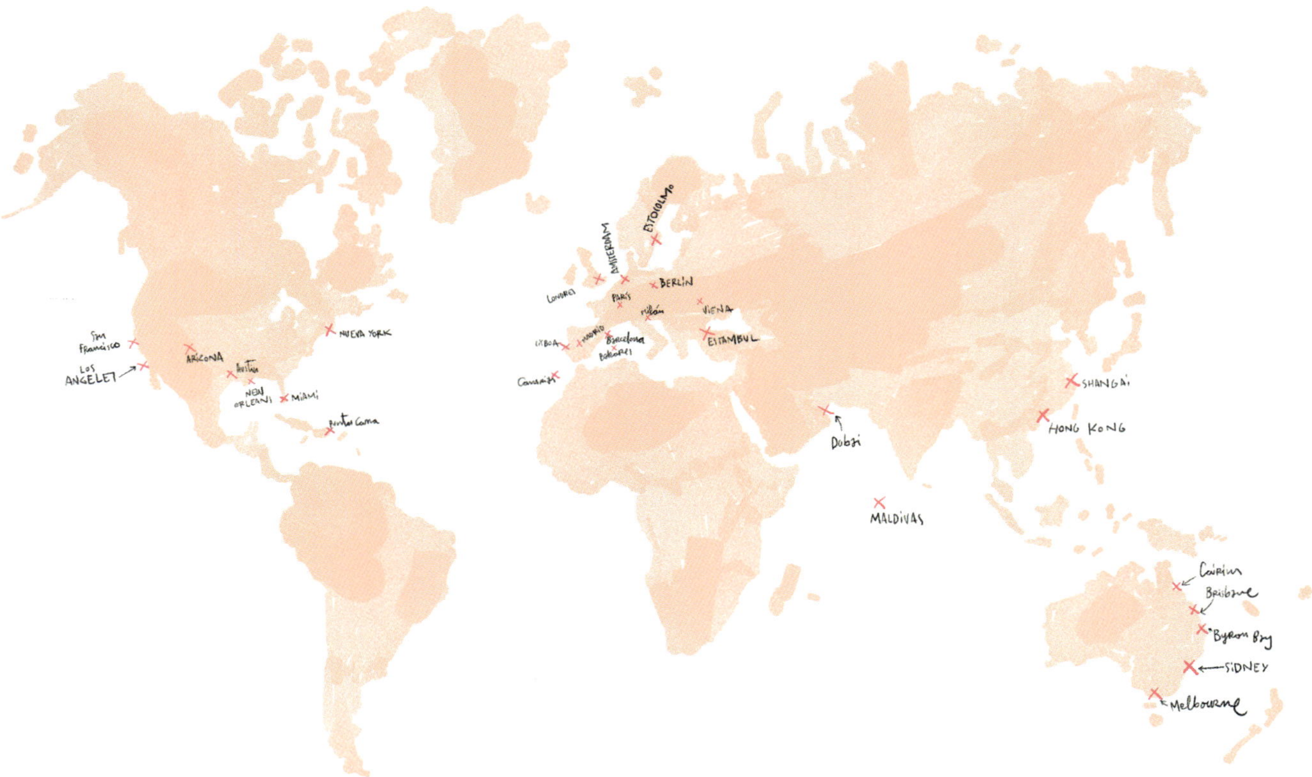

ARIZONA

Es el sitio más bonito donde he estado dos veces, lleno de parques naturales y bellezas por visitar. Recorrer sus carreteras desiertas con el coche es alucinante.

Hackberry General Store

Es una gasolinera abandonada con un bar/tienda de souvenirs donde puedes comprar cosas maravillosas en medio del desierto, en la antigua ruta 66 que va hacia el Grand Canyon (por la ruta larga que va de Las Vegas a Tusayan).

Grand Canyon

Es precioso, pero hasta que no estás allí, no respiras allí y no te quedas con la boca abierta más de cinco minutos... Cuando eso sucede, piensas que es lo más maravilloso que has visto en la vida y posiblemente así será. Alucinante.

Horseshoe Bend

El río Colorado con una roca gigante en medio. No digo más, se tiene que ver.

Antelope Canyon

Muy cerca del Horseshoe Bend. Es obligatorio hacer el tour con Navajo Tours para poder acceder al cañón, una obra de arte creada por la naturaleza.

Monument Valley (Utah)

LOS ÁNGELES

Los Ángeles es una de las ciudades que más me gustan, por su aspecto veraniego y vacacional. Las palmeras reinan las calles y hay muchas cosas por hacer. Lo fundamental es alquilar un vehículo propio para poder moverte por la ciudad.

¿QUÉ HACER? ¿QUÉ VISITAR?

The Hollywood Sign

Beverly Hills

Venice Beach

The Hollywood Sign
Beverly Hills
Venice Beach

Universal Studios
Si os gustan los parques temáticos, no dudéis en visitar Universal Studios; es el parque más alucinante en el que he estado. Podrás conocer a los Simpson, los Minions, ver los estudios donde se han rodado millones de películas que no te has perdido y pasar un día de diversión máxima.

Six Flags
Los más atrevidos también tenéis el parque de atracciones Six Flags. Estéticamente no llama la atención, pero las atracciones son fuertes y muy guays.

Salvation Mountain
A tres horas en coche de Los Ángeles se encuentra Salvation Mountain, una de las cosas más maravillosas que he visto en mi vida. Una montaña de yeso de colores pasteles en medio del desierto de California que construyó el hippie Leonard Knight para Dios.

Santa Monica y su *pier* también son una parada obligatoria. Lo ideal es ir al atardecer para verlo de día y de noche; las fotografías desde la playa con el sol cayendo y el muelle son alucinantes.

Universal Studios

Salvation Mountain

Santa Monica

MODA

Fabrica American Apparel
(747 Warehouse St, Los Angeles, CA 90021)
A veinte minutos de la ciudad podéis encontrar la fábrica de American Apparel, que es enorme y tiene ropa de temporadas pasadas y de temporada a muy bajo precio.

Rodeo Drive
Para los que busquéis prendas de primeras marcas como Chanel, Louis Vuitton o simplemente queráis sentiros Pretty Woman por un día, aunque no vayas a comprar, merece la pena pasear por esta famosa calle.

Third Street Promenade
En Santa Monica, una calle llena de tiendas *low cost* de todo tipo, la mayoría norteamericanas, como Brandy Melville, PacSun... ¡Allí me vuelvo loca comprando siempre que voy!

HOTELES

San Vicente Bungalows (West Hollywood)
Un acogedor hotel formado por bungalows con piscina de agua caliente en West Hollywood, una zona gay de la ciudad que está llena de locales, restaurantes y tiendas. Muy buen precio y preciosa decoración.

The Standard Hotel
Un hotel muy típico de L.A., con piscina y eventos casi cada noche y habitaciones enormes, en el corazón de Hollywood.

Farmer's Daughter Hotel
Hotel muy peculiar con un restaurante exquisito y piscina, ubicado al lado del mercado Farmer's Daughter.

Fabrica American Apparel

Rodeo Drive

LAS VEGAS

Además de recorrerte la ciudad de noche y de día no te puedes perder el Museo del Neón. Un descampado lleno de carteles alucinantes.

NUEVA ORLEANS

Una ciudad muy diferente y con mucho encanto.
No puedes perderte pasear por el barrio francés, acabando en el Misisipi.
Para dormir yo escogí Airbnb, ya que puedes alquilar casas enteras o habitaciones.
Según en qué ciudad, como en Nueva Orleans, puedes encontrar casas muy peculiares y diferentes a mejor precio que cualquier hotel. Cada semana hay festivales de música y comida de diferentes culturas que son muy divertidos.

MIAMI

La ciudad del dinero, o eso me pareció a mí. Unas vacaciones permanentes llenas de música y fiesta que hacen que te enamores de Miami. Hay que tener coche o recurrir a Uber, que allí funciona muy bien y es baratísimo. Hay muchísimos clubes de *striptease* que son discotecas normales pero con barras de *pole dance* y chicas bailando. Es divertido ir porque es algo que seguramente no hayas visto nunca y allí encontrarás gente de todo tipo actuando. El mejor al que yo fui, según me informaron, se llama E11even. Si puedes hacer alguna excursión en barco o apuntarte a alguna fiesta en un yate, no te arrepentirás.

Restaurantes

- **Klima Miami**.
  Cocina mediterránea, un diseño precioso y comida exquisita.
- **Moshi Moshi**. ¡Un japonés delicioso!

Hotel

- **Room Mate Lord Balfour**.
  En pleno Ocean Drive, a dos minutos andando de la playa más famosa de Miami y cerca de todo.

AUSTIN

Una ciudad que lo tiene todo: rascacielos, naturaleza, mucho *lifestyle*, perros y tiendas.

South Congress Avenue

Una calle larguísima llena de tiendas de todo tipo: de ropa, vintage, de diseñadores de allí, al más puro estilo de Texas, de chuches, de decoración, de juguetes que molan... Llena de restaurantes: puedes comer dentro de un autobús, en un japonés sentado en un columpio... Esa calle hizo que me enamorara de Austin.

PUNTA CANA

República Dominicana, el Caribe y sus cócteles te hacen feliz.
He tenido la suerte de estar allí tres veces y es el paraíso del relax y de la diversión.
Cualquier hotel en la playa vale. Imprescindible visitar:

Isla Saona

Hacen excursiones en catamarán hacia la Isla Saona, una isla llena de palmeras.
Lo mejor es el viaje en barco y la parada en las piscinas naturales
llenas de estrellas de mar.

Playa Juanillo

Una de las playas más paradisíacas que he visto.
Con un restaurante y apenas diez personas en la inmensa playa,
puedes disfrutar del sol y de la tranquilidad y pasar un día de lujo.

MALDIVAS

Un lugar de ensueño, un sitio de postal. Es uno de esos lugares que hasta que no lo ves no te crees que pueda existir algo tan maravilloso. Un sitio para desconectar, para que tus únicas preocupaciones sean ir a hacer snorkel, tomar el sol, recorrer la isla, disfrutar de los atardeceres, hacerte fotos y comer.

Es un destino muy caro, pero vale la pena. Yo me quedé en el hotel Chaaya Lagoon Hakuraa Hura, uno de los más baratos, en una de las mejores islas. Hay muchísimos hoteles, pero lo más importante es la isla. Su pasarela es infinita y la marea baja dos veces al día, por lo que puedes caminar y caminar hasta el horizonte... Es un viaje que, si se puede, se ha de hacer al menos una vez en la vida.

HONG KONG

Para mí fue como estar en el Nueva York de Asia.
Una gran ciudad, llena de luces, tiendas, comercios y rascacielos.
No te puedes perder subir a The Peak y ver Hong Kong desde el aire.

SHANGHAI

Una ciudad muy ecléctica con un tráfico espantoso y mucho encanto.

Paradas obligatorias:
The Bund, desde donde ves todos los rascacielos, por la noche es alucinante.

Old City

Yu Garden y su templo.

AUSTRALIA

Sídney y sus casitas te enamorarán. No dudes en visitar la Opera House, el edificio más famoso de la ciudad. Lo mejor y más bonito, para mí, es Bondi Beach, su playa, con su arte callejero, sus restaurantes, sus tiendas y alrededores.

Las Bondi Icebergs son unas piscinas que están en la misma playa, en las que chocan las olas del océano Pacífico. Es alucinante.

Para ir de shopping está Pitt Street, donde además de las típicas tiendas, podéis encontrar marcas australianas que os dejarán con la boca abierta. Desde allí podéis ir a Oxford Street, donde podéis seguir comprando. Eso sí, la cosa cambia totalmente; aquí las tiendas son más alternativas y *vintage*.

Melbourne es una ciudad de estilo mucho más europeo.
Sus piers en la playa enamoran y la ciudad tiene mucho rollo. Hay un montón de terrazas en los rascacielos para disfrutar de una buena cerveza.

Desde allí se puede ir a visitar Los Doce Apóstoles por toda la Great Ocean Road.
No lo dudéis, es una maravilla en el mundo.

PARÍS

Mi ciudad favorita, la ciudad del amor.
En París me encanta caminar, recorrer el Sena y deambular por sus calles antiguas sin perderme sus monumentos emblemáticos, como la Torre Eiffel, el Louvre, Notre Dame, los Campos Elíseos....
El barrio de Le Marais es perfecto para pasear, tomar algo, comprar y comer. Y lo mejor, Montmartre, subir hasta el Sagrado Corazón parando por sus tiendecitas y comercios.

Dos tiendas que no os podéis perder:

- **Killiwatch Paris** es una tienda enorme con reliquias vintage.
- **Guerrisol**. Es una tienda vintage nada cuidada con toda la ropa amontonada, pero en ella encuentras cosas preciosas y nada vale más de 10 euros.

ÁMSTERDAM

Un lugar que me sorprendió para bien, la ciudad de las bicicletas y de la ropa vintage. No os podéis perder la tienda Vintage Episode ni los mercadillos que hacen los fines de semana en diferentes zonas.

LONDRES

La ciudad de las compras. Siempre que voy a Londres mi primera parada es Oxford Circus y todas sus tiendas, especialmente Topshop y Urban Outfitters, que están una al lado de la otra. Beyond Retro es una maravilla vintage. Shoreditch es el barrio moderno donde se encuentra la gente más *cool* y las tiendas más únicas y diferentes.

Hoteles

- **Boundary**, en Shoreditch, un hotel diferente y acogedor.
- **Sanderson**, un hotel de cinco estrellas con habitaciones amplias y luminosas, perfectas, y un *hall* alucinante.

MENORCA

Para mí, el mejor destino vacacional de Europa sin duda es Menorca.
Una isla tranquila llena de aguas cristalinas que están esperándote. Para alojarte lo mejor es alquilar un apartamento con tiempo en una de mis zonas favoritas, Fornells o Binibeca.

Playas

Es Caló Blanc. Rodeada de rocas y mejor que una piscina, agua azul pitufo que deslumbra. Puedes bucear perfectamente y tus fotos no parecerán hechas en el mar; mi playa favorita.

Cavalleria. Agua azul oscuro, pero transparente, con arena roja y barro para untártelo por el cuerpo. Los mejores atardeceres de la isla los he visto en Cavalleria.

BARCELONA

Mi ciudad. Podría hablaros de millones de sitios,
pero os voy a contar mis favoritos y los que más visito.

Empezamos por el maravilloso hotel W. Sin duda, si estás en Barcelona es el mejor sitio donde alojarse, y es uno de los mejores hoteles en los que he estado. Tienes la Barceloneta para pasear; el Pez Vela, que es mi restaurante favorito, para comer los mejores arroces de la ciudad; spa y muchas actividades para escoger.

Pasea por mi barrio favorito, el Borne. Encontrarás muchísimos restaurantes y cada vez más tiendas de diseñadores o marcas de fuera que te enamoraran.

Luzia Restaurante, mi restaurante favorito después del Pez Vela, ambos de Grupo Tragaluz, en el corazón de Barce ona, al lado de las Ramblas. No te puedes ir sin probar su tortilla, su risotto y su solomillo; mis prefes.

Los búnkers de Barcelona, algo típico pero con las mejores vistas de la ciudad.
Es ALUCINANTE.

En Badalona, muy cerca de Barcelona, tenéis el Pont del Petroli.
Un puente precioso que entra hasta la infinidad del mar...

Si vas a Barcelona, tienes que ir hasta la Costa Brava, un paraíso a una hora de la ciudad en coche o autobús lleno de playas de aguas cristalinas y pueblos con muchísimo encanto. He veraneado allí once años y cada verano intento ir alguna semana; es más que precioso. Begur, Palamós, Platja d'Aro, S'Agaró...

SPRING / SUMMER

Photography: Sergi Gómez

PRIMAVERA

Llega la primavera y en mi armario entran las prendas de flecos y pisan más fuerte que nunca los botines. Este jersey finito, de Antonia Martorell, llama la atención por sí solo. Amo las prendas que tienen personalidad, como ésta. La combinación perfecta, para mí, son unos buenos shorts tejanos, como en esta ocasión. Unos botines de ante color camel con un detalle de flecos lo complementan a la perfección.

¡Vivan los pantalones boyfriend! Como si se los hubieras robado a tu novio, a tu hermano, a tu padre, a tu chica, ¡todo vale! Cuando empezó a pisar fuerte esta tendencia, la verdad es que fui un poco reacia a ella; me gustaba mucho verlos en la gente, pero cuando yo me ponía unos boyfriend, no me sentía a gusto ni favorecida. Lo cierto es que no favorecen como unos pitillo, pero cuando les coges el gusto, tu armario se va llenando de ellos. Éstos son enormes y me encantan.

En el look que os enseño los mezclé con un jersey finito en color mostaza, mi sombrero favorito, un minibolso de Rebeca Mincoff y unos zapatos que me enamoran, de Nasty Gal, una de mis webs online favoritas. ¡Y un besito para vosotros!

Vale, una de mis máximas debilidades, de mis obsesiones son... ¡LOS TRAJES! Me encantan los trajes, tanto que intento tener uno de cada color. Tengo uno verde, uno azul eléctrico, uno verde azulado, uno color ladrillo, uno negro, uno granate, uno a rayas y éste, el rojo, mi favorito. Me encantan los conjuntos de un único color, de todos los estilos, pero es que los trajes... No sabría explicarlo, de verdad, me ENCANTAN.

Normalmente me los compro completos, pero como no encontraba ninguno rojo, fui buscando pieza por pieza. Los pantalones y el jersey son de Mango, y la americana la encontré en una tienda de segunda mano y, casualmente, era del mismo rojo. Me gusta llevarlos con zapatillas, me encanta. También con tacones o zapatos masculinos.

Otra de mis debilidades son las rayas, junto con los shorts y el denim.
Con estos tres elementos creo la mayoría de mis outfits básicos de verano, primavera, otoño e invierno.

En esta ocasión llevo unos shorts en un denim clarito, una camiseta ancha del apartado vintage de Urban Outffiters, igual que la maravillosa chaqueta, y un lacito con el que me recojo la mitad de la melena.
Un look muy *pretty* y muy cómodo.

Hablamos de rayas de nuevo. La misma camiseta que llevo en las fotos anteriores en una combinación totalmente distinta. En primavera suelo usar mucho las gabardinas; tengo dos en negro, una en beige y ésta en verde, uno de mis colores favoritos a la hora de vestir.

Pantalones muy, pero que muy rotos, sandalias blancas y sombrero. ¿Qué más necesitas?

MOSCHINO

Un look especial que a mí me gusta muchísimo. Seguimos con el verde; esta chaqueta es una especie de gabardina corta a la que le doy bastante uso. Tiene un color especial y es comodísima.

Esta vez la combiné con un vestido vaporoso blanco, con aberturas en ambos lados, justo donde termina la chaqueta. Uno de mis bolsos favoritos, mi pequeño Moschino, unas gafas de sol y mis sandalias por excelencia, las sandalias que le dan elegancia a cualquier look y sirven para todo.

Seguimos con el verde, todo en chaquetas pero muy diferentes entre sí.
Esta chaqueta militar con volantes en las mangas, que le dan un toque chic,
junto con una de mis camisas favoritas, una camisa blanca XXL,
a la que también podríamos llamar boyfriend; estos jeans que me customicé
y corté sin piedad yo solita, con un resultado buenísimo, y un toque mío
con los zapatos de leopardo, un bolso negro y un sombrero negro.
En primavera, estos son MIS COLORES.

Los monos, otro gran amor. Siempre que entro en cualquier web online, lo primero que hago es ir al apartado de monos. Para mí, es una de las prendas más cómodas que existen y los hay de mil maneras. Son mejor que los vestidos, aunque no abundan tanto. Los que son largos, es decir, de pantalones largos, me gustan, pero reconozco que tengo devoción por los cortos. Para ir a la playa, más arreglados, de fiesta, de día... Éste me enamoró cuando navegaba por Asos y lo añadí directamente a mi carrito de la compra. Azul, con estrellas, mangas acampanadas y escote en la espalda. No es una prenda que puedas usar mucho (o sí), pero vale la pena, porque brilla por sí sola, y ¡nunca mejor dicho!

Con este look me sentí especialmente cómoda y especialmente guapa.
Me cuesta mucho encontrar faldas que me gusten, ya que o son negras, o muy normales, o largas, o los estampados no me acaban de convencer. Ésta me entró desde el primer momento, esta preciosa mini con estampado es perfecta.

Jerséis blancos tengo varios, ya que es un básico que no puede faltar en nuestro armario, al igual que los botines. Éstos, de Jeffrey Campbell, son un básico negro que sirve para cualquier look. Para salir de los colores básicos, añadí el minibolso beige.
Y ahora, nos vamos al verano y a esas vacaciones que quisiéramos que fueran eternas.

VERANO

Vestidos playeros, ligeros y cómodos.
Sombreros para todas las épocas del año.
Espaldas descubiertas. Un look estrella para el verano,
para esos viajes que nos llevan a playas infinitas.

Me encantan las blusas con los hombros al aire, una tendencia que lleva veranos pisando fuerte y que a mí me enamora especialmente en las prendas blancas, como ésta que os enseño. Bordada y con mangas tres cuartos acampanadas, es perfecta para usarla con todo tipo de prendas veraniegas.

En este caso, yo la combino con mis mayores aliados del verano: unos shorts Levi's dos tallas más grandes de la que suelo usar y customizados por mí con algún que otro tijeretazo.

Añado un minibolso redondo, beige, con cadena dorada Chloé, que encaja a la perfección con el blanco y el denim, y unas alpargatas de plataforma XL de ante finito.

¡Vivan los outfits románticos! Con aires griegos y romanos, son otra tendencia puntera desde hace algunos años. Vestidos largos veraniegos que consiguen nuestros looks más románticos. Perfectos para varias ocasiones, como una cena romántica, un paseo de verano o incluso para ir a la playa.

Son vestidos que nos dan movimiento al andar, con el toque dulce de su romanticismo y en el color estrella del verano: el blanco. Personalízalos con tus complementos.

En este caso, hice un mix, ya que llevo el bikini debajo por las transparencias y los preciosos bordados del vestido. Si no quieres llevar un bañador debajo, puedes sustituirlo por un corto vestido blanco ajustado, algo en color carne, bodys o incluso unos minishorts. Para personalizarlo, añadí mi sombrero favorito de verano, el bolso Chloé y unas sandalias romanas de tiras de color marrón. AMOR.

Los tops de croché son un *must have* en verano, al igual que los shorts. Este look, creado con dos prendas punteras, es sencillo, cómodo y perfecto para los días calurosos. Con gafas de sol redondas y sandalias de plataforma Céline.

¿Quién dijo que el ante no se podía usar en verano?
La moda se reinventa y, por ello, las marcas crean este ante,
tan fino que ni se nota, perfecto para el verano.
Looks boho; en verano, no paro de llevarlos.

En este caso utilice esta falda abotonada en rojo pasión
y el crop top bordado, con cinturón y un sombrero beige.

ISLAND

ISLAND
VIBES

ISLAND
VIBES

¡Sí, sí, SÍ! Grito sí a los bañadores. Es cierto que a todos nos gusta ponernos morenos y tener las marcas más pequeñas posibles en el cuerpo, pero donde esté un buen bañador que se quite el bikini.

Tengo devoción por los bañadores; siempre que voy a sitios de playa me llevo muchos, y apenas dos bikinis. Cuando tomo el sol uso los bikinis, y el resto del tiempo, los bañadores. Tienen personalidad, sientan genial y los hay de mil tipos.

Mucha gente no los usa porque cree que no favorecen, que no sientan bien o incluso que son para gente mayor, pero yo a eso digo: ¡Qué gran error! Son sexys y llamativos, y eso siempre favorece.

Además, son multiusos, porque añadiéndoles un short o una falda, incluso unos pantalones pitillo de cintura alta, consigues un lookazo.

Éste me lo compré en Asos; su color me llamó la atención, y la frase y la forma no podían ser mejores. Unas ondas surferas, unas buenas gafas de sol como las que llevo (Dior Technologic) y ¡wuala!

ISLAND
VIBES

Amor hacia los vestidos blancos, volvemos al romanticismo. Las mangas acampanadas.
¡SÍ! Son vestidos especiales, vestidos con personalidad.

Éste, de una marca estadounidense, For Love and Lemons, es vaporoso, cómodo, con dos tiras de encaje en brazos y acabado, y es perfecto. Con estos vestidos no hacen falta complementos, aunque añadirlos nunca está de más.

Viendo estas fotos, si tuviera que añadir algo, sin duda lo añadiría en la cabeza.
Una corona de flores naturales, un bindi en la frente o una tiara de bisutería.
Es un look sencillo, pero así sería un look rompedor. Nunca lo olvides.
se puede ir cómoda, fresquita y GUAPA.

Para mí, las faldas + los crop tops son primordiales en verano. Puedes jugar y crear looks de todo tipo, en todos los colores y para todas las ocasiones.

Esta falda, llena de luz y de color, es única y preciosa para mí; no tiene mil posibilidades, pero dentro de las que tiene, con cualquiera destaca y rompe.

Camisetas de rayas, tops negros, blusas blancas, negras y, como en este caso, top blanco. Este crop top de croché blanco se abrocha al cuello y lleva parte de la espalda al descubierto. Es una maravilla. Lo uso muy a menudo en verano porque pega con todo y para todo. Junto con la falca, son dos colores preciosos, veraniegos y con luz.

Este top me llamó muchísimo la atención; me lo compré en una tiendecita de Austin (Texas) donde no tenía la esperanza de encontrar nada de ropa, ya que predominaban las cosas monas de decoración. Pero resultó que también había alguna prenda boho, como ésta. Me encanta, me alucina. Perfecto para llevar con cualquier short. En este caso, llevo un short vintage Levi's en negro, muy cortito, con un cinturón y un sombrero. Un look que me pondría mil días en verano.

Un look del mismo estilo que el anterior, con prendas muy parecidas. Los mismos pantalones, ya que valen para mil y un looks, junto a un top de hombros descubiertos amarillo con bordados románticos. Es un color muy especial a la hora de vestir, pero en las prendas adecuadas es perfecto. Sombrero de verano en negro de una marca que tiene millones de sombreros preciosos todo el año, Raceu Hats, *made in* Barcelona, mi ciudad. Serviría para cualquier día de verano, tanto para ir a la playa como para estar en una terraza tomando algo, incluso para asistir a algún evento.

FESTIVALS

Con el verano llegan los festivales de música: Primavera Sound, Arenal Sound, Coachella, Hurricane, SOS... entre otros. Ocasiones especiales para ir a ver a tus grupos favoritos con los esenciales de un festival.

Flores, flecos, mochilas, zapatillas, botines, sombreros, shorts, crop tops...

FALL / WINTER

Photography: Javi Oller

OTOÑO

El otoño y la primavera son mis épocas favoritas,
ya que es cuando más podemos jugar con nuestras prendas.

Beanies peculiares con orejitas, como éste en rojo, un color que,
al completo o en toques, es crucial en nuestro armario.
Jerséis cómodos como éste que os enseño, boyfriends rotos
y el toque de leopardo que tanto me gusta añadir a mis looks.
Éste sería un outfit casual y perfecto para mí.

Los detalles son muy importantes, al igual que los complementos. Anillos de oro o de color dorado, finitos, mezclados en los dedos. Mezclar texturas, estampados y colores.

En este caso, llevaba un blazer vintage en rojo. Una prenda muy particular, ya que eso es lo que tiene comprar vintage: que posiblemente existan muy pocas prendas iguales, o ninguna, en el mundo. Eso convierte a esas prendas en únicas, en reliquias vintage.

El blazer lo acompañé de una camiseta de rayas, un básico que da mucho juego en muchos outfits, y un buen bolso, como éste de Phillip Lim. ¡Me encanta mezclar los colores fuertes con el denim!

Las chaquetas tejanas... ¡no podría vivir sin ellas! Entalladas, anchas, cortas, largas, oscuras, claritas, rotas, con parches... ¡Todo vale y complementan los looks a la perfección!

En este caso, vuelvo a la camiseta de rayas, combinada con una falda acampanada gris, otro básico que no nos puede faltar en el armario, sobre todo en negro. Un bolso negro y mi sombrero de ala ancha que tanto os enseño, ¡es una de las prendas con la que más identificada me siento!

Los zapatos masculinos son otra de mis debilidades; tienen personalidad y no se ven muy a menudo. MIX!

Cuando llega el otoño las tiendas se llenan de prendas de ante. En este caso llevo tres. La falda abotonada, muy sixties, que tanto furor está causando en estas últimas temporadas, acompañada de una camiseta básica blanca y esta preciosa chaqueta: una biker de ante llena de flecos en la espalda y las mangas. Otra prenda que habla por sí misma y derrocha personalidad.

Unos zapatos marrones con la suela track y el tacón ancho, en negro; un look chic y sixties perfecto para otoño.

Total black. Amo llevar looks enteros de un mismo color, y si es mi color favorito, todavía más. El negro, nuestro fondo de armario, el mejor color, el color para todo, el color salvavidas. Pueden ser prendas más llamativas, otras más básicas, y de todas las estaciones y temporadas.

En este caso llevo estos alucinantes pantalones acampanados (o los amas o los odias) de Zara, que marcan una perfecta silueta de las piernas y culo. Un crop top negro, una chaqueta de H&M con botones dorados, una boina de Mango y, saliendo de lo *low cost*, este bolso de Moschino con logo y cadenas en color oro. Un outfit que reclama la atención allá donde va.

MOSCHI

Los looks casual son, al final, los que más usamos esos días que vamos a tomar algo o no tenemos mucho que hacer. Denim + denim. ¡SÍ, SIEMPRE! Mezclar los denims siempre es un acierto; eso sí, tienen que ser de las mismas tonalidades, ya que si no pasa de ser un total acierto a ser un total error.

Camisas anudadas a la cintura. Algo que, casi siempre, es simple moda o simple postureo, no vamos a mentir; queda muy bien estéticamente, pero pocas veces es útil. Pocas, porque a veces si lo es: va perfecto para esos días en los que sales de casa y hace un tiempo raro, de ésos que no sabes si tendrás frío o calor; es un comodín que siempre puedes añadir.

Converse, las míticas zapatillas que llevan años y años pisando fuerte. Para mí, son las mejores zapatillas que han existido, ya que las puedes usar con looks más casual o incluso con vestidos, trajes y prendas de arreglar.

MONS

Tengo debilidad por los trajes; los que me seguís lo sabéis muy bien.
Así que éste, el más básico, no podía faltar en mi armario: un traje negro,
para jugar con él y hacer mil y una combinaciones.

En este caso, lo combiné con prendas casual, como la camiseta gris con una frase en negro,
las Converse y dos toques más chics: el bolso de leopardo y los labios rojos.
Un look sencillo, pero especial, que tanto vale para ir a trabajar como para ir a la escuela,
a comer, a pasear... YES!

Botas por encima de las rodillas, un *must have* de estas últimas temporadas que me ha robado el corazón. Las puedes utilizar con vestidos, con faldas, con shorts e incluso ¡con pantalones! Hay que tener cuidado, ya que si las llevas con prendas muy ceñidas o cortas puede resultar vulgar; por eso lo mejor es usarlas con capas o prendas anchas. En este caso, yo llevé una blazer XL blanca con una básica blanca, falda de polipiel negra y sombrero. ¡BLANCO Y NEGRO!

Tengo muchísimos sombreros, pero apenas os enseño tres en este libro;
no me había dado cuenta. Se nota cuál es mi favorito, ¿verdad?

Éste en gris oscuro, de Asos, también me apasiona, como todos los que tengo.
Lo suelo usar para looks más bohos, aunque éste no es el caso.

Esta vez lo añadí a un look de calle, un look casual y a la vez elegante, gracias al abrigo beige.
Jersey blanco, bolso cruzado y, de nuevo, los pantalones rotos customizados por mí.
Un outfit fácil que enamora.

INVIERNO

Adoro los maxiabrigos, una prenda con un toque masculino que pisa fuerte en mi armario. Abrigos que podrían ser de nuestros padres o abuelos, pero son de ahora y para mujeres guerreras.

Esta preciosidad, de Asos, hecho de una especie de terciopelo, es el mejor ejemplo para hablar de estos abrigos. Blanco y negro a rayas, y muy calentito. Los hay más básicos, más largos, de diferentes colores...

Amo los sombreros, pero con este tipo de abrigos todavía más, ya que complementan el look a la perfección. Botines con algo de tacón y el minibolso Balenciaga.

Acne
Studios
L.Nyg.
23

Seguimos con las prendas anchas: con esta famosa sudadera, de Acne, que puede ser tanto para chica como para chico. No suelo llevar sudaderas en mi día a día, sólo lo hago si encuentro «la sudadera», como sería en este caso. Cuello alto, mangas oversize y un toque asimétrico; calentita para el invierno.

En este caso, la llevé de vestido; me encanta usar prendas grandes y convertirlas en minivestidos. Medias tupidas, taconazos, el bolso Balenciaga y sombrero. Gris y negro, mis colores favoritos para vestir.

Éste sería otro ejemplo de maxiabrigo, como el primero que os enseño.
En color nude, uno de los colores más favorecedores a la hora de vestir y que resalta con el denim. Largo hasta los tobillos, y con mil y una combinaciones posibles.

En este caso qu se mezclar las tonalidades con el jersey beige; jeans rotos que, como he dicho antes, le dan color; zapatos beige, y bolso negro.
¡Un outfit que vale para todo!

Prendas peluditas, prendas que parecen peluches, ¡prendas con las que todo el mundo te querrá abrazar! Este bonito jersey negro es eso: un peluchito precioso que tiene muchas posibilidades de combinar con todo tipo de prendas.

En este caso, lo combiné con unos pantalones básicos negros y unos zapatos de leopardo que por sí solos ya llaman la atención. Tres prendas fuertes, como el sombrero, el jersey y los zapatos, con un básico. No hace falta nada más.
A veces, menos es más, y otras, más es más.

Otro peluchito que nos teletransporta a días perfectos de invierno.
Uno de mis jerséis favoritos, con mangas anchas y con el acabado justo por la cintura.
Lo mezclé con unas gafas originales, mis jeans favoritos y un clutch rojo
para darle una explosión de color.

No tengas miedo de customizar pantalones.
Coge las tijeras y prueba con los pantalones que menos te gusten;
es divertido y los resultados suelen ser maravillosos.

Vuelvo a enseñaros un abrigo largo, en este caso de color rosa pastel, un color que, combinado con prendas adecuadas, las hace únicas. Esta prenda sólo te puede provocar dos cosas: amor u odio, y a mí me provoca puro amor.

En este caso, me até su cinturón a la cintura, me puse unos botines con tacón ancho, un bolso negro y mi sombrero, ¡que no falte!

Si tuviera que escoger una prenda de mi armario de invierno, posiblemente sería este abrigo de leopardo de Asos. Un abrigo que tiene todas las funciones que necesitamos en invierno. Es bonito, llama la atención y abriga muchísimo. Puedes añadirle jerséis gorditos, si hace mucho frío, o simplemente una camiseta, como os enseño yo. Un look con el que identifico a la modelo Kate Moss; podríamos decir que es su *must have*. Pantalones desgastados rotos con cremalleras abiertas, botines y una bonita boina en la cabeza. ¡MIAU!

Ya veis mi debilidad por los abrigos de pelo (sintéticos y la mayoría de Asos). Éste es un osito que abriga mucho, y su maxicapucha enamora y hace que te sientas muy a gusto con él. No suelo llevar dos prendas grandes o anchas juntas, porque favorecer, lo que es favorecer, no favorecen, pero, a veces, eso me da un poco igual si me gusta el resultado, como en este caso. Boyfriends y botines negros de Pepe Jeans. Perfecto para días de nieve y montaña.

Abrigos con una personalidad arrolladora y pantalones de piel, de efecto piel o encerados son muy top en invierno.

Éste mezcla los colores primordiales a la hora de vestir, blanco, negro y gris, que hacen que sea una preciosa prenda muy especial. Los pantalones son los que, posiblemente, más uso en invierno, al igual que la boina y los botines. Con este look me siento muy identificada. ¡Dulce invierno!

FASHION WEEKS

Las semanas de la moda son primordiales para cualquier fashionista como yo. Descubres las nuevas colecciones y, lo más importante, te llenas de inspiración. Nueva York, Londres, Milán, París.

MOSCHINO

RHYTHM OF THE NIGHT!

Suena *Shots* (Broiler remix) de Imagine Dragons

Nos vamos a bailar, nos vamos a disfrutar de una buena noche en la que el color negro es el protagonista. Vestidos, faldas, bodys, tops, brillos y labios rojos.

Photography: Gerard Estadella
Make up and hair: Joe - New Look Barcelona
Gatsby Barcelona

El negro es el protagonista en muchas de nuestras fiestas y ocasiones especiales; nunca falla y podemos hacer infinitas combinaciones con él. ¿Quién no tiene más de una falda negra en su armario? El mío está lleno, pero ésta, sin duda, es la falda estrella. Un básico que baila conmigo muchas noches. Con su vuelo, la puedes combinar con crop tops negros o de colores, blusas, e incluso jerséis finitos. Una falda multiusos, que no sólo nos sirve para ir a las mejores fiestas, sino para cualquier ocasión; es una falda salvavidas. Ponle unos buenos taconazos y luce piernas.

En esta ocasión, la combiné con un crop top anudado al cuello de espalda descubierta y unas botas leggins de tacón de aguja por encima de las rodillas. Un look sencillo pero con poder.

Vestidos negros, otros grandes salvavidas, y es que antes de salir de fiesta, muchas veces revolvemos el armario sin saber qué ponernos y acabamos repitiendo ese vestido negro que tanto nos gusta.

Éste, de mi diseñador favorito, es de la colección que lanzó Balmain para la marca sueca H&M en una de sus colaboraciones anuales. Una mágica seda te da la comodidad, los escotes delantero y trasero te hacen más sexy, las hombreras te transportan a las décadas de los setenta y los ochenta, y se ajusta en tus caderas para explotar tus formas. Y así, como esta preciosidad, podemos encontrar muchos vestidos perfectos para una noche perfecta.

Seguimos con el negro, el rey de la noche. Los bodys, una de mis grandes debilidades para outfits festivos. Cómodos, ajustados y con personalidad.
Éste que llevo con escote en V es del diseñador Ze García, que hace diseños perfectos para la mujer, cómodos, con personalidad y amor.

Los flecos son otros de nuestros aliados en prendas de noche, ya que dan movimiento y elegancia a nuestros bailes. Esta falda, con aplicaciones de lentejuelas negras y flecos, es perfecta para no parar de bailar, ajustada y con movimiento.

Los labios rojos (a cargo del gran Joe de New Look, el mejor maquillador que conozco) no pueden faltar en nuestros looks, al igual que los accesorios que nos dan fuerza y elegancia, como los que llevo en las fotos. Bisutería, que nos lleva a un mundo de glamour sin hablar de diamantes y que todos nos podemos permitir. Un look muy femenino, sexy y, sobre todo, cómodo.

Del negro nos vamos al blanco, un color que no solemos usar demasiado para nuestras noches locas, aunque deberíamos hacerlo. ¿Por qué? Porque es un color que, en las prendas adecuadas, destaca nuestras melenas y bronceados. El secreto es encontrar las prendas idóneas.

Con el negro todo vale; con el blanco, no, y es más difícil jugar con él, aunque, a veces, el resultado es mejor. Los tops y las blusas nos lo ponen más fácil; la dificultad está en los vestidos y las faldas. Ésta que llevo sería la ideal: una falda de encaje floreado con un forro de color carne debajo y una asimetría perfecta.

El top de volantes, para mezclar sensaciones y texturas, le da movimiento al outfit. En los pies, para este tipo de looks, tenemos que llevar sandalias finas en blanco, negro o incluso de algún color, pero tiene que ser un zapato elegante y fino, ya que si no, puede estropearlo todo. *White makes you shine!*

¡1,2,3... A BRILLAR! Los brillos, en la medida justa, son perfectos para deslumbrar en una noche mágica o simplemente en una noche cualquiera; no pasarás desapercibida. Para ello hay muchos colores, pero los que mandan son el plateado y el dorado. Las prendas de lentejuelas bien hechas hablan por sí solas, como ésta, de una marca *low cost* como es H&M.

En este caso, la llevo con una falda de piel ajustada y unas sandalias de tacón, de tiras y con hebillas plateadas, a juego con los brillos de las lentejuelas. Y... *RED LIPS!*

Vivan los vestidos con vuelo, ¡VIVAN! Vestidos que no necesitan ningún complemento; ellos tienen la palabra. Colores especiales que nos hacen sentir princesas.

Este vestido es uno de ellos, con un color verde azulado, que destaca nuestras melenas, ya seamos rubias, morenas, pelirrojas... Y un vuelo increíble para sentirte una autentica bailarina. Escote lágrima por delante y por detrás, con la espalda llena de transparencias. Un vestido que no deja indiferente.

En esta ocasión, yo le añadí estos zapatos Jeffrey Campbell llenos de brillos de colores. No puedo opinar más sobre este look, porque me parece que el vestido habla por sí solo, ¿no creéis?

DO / DON'T

☑ DO

Denim + denim
Leopardo + rojo
Trajes con deportivas
Conjuntos de un mismo color
Mezclar estampados
Pantalones de cintura alta
Escotes en la espalda
Transparencias
Camisas anudadas a la cintura
Sombreros de ala ancha

☒ DON'T

Oro con plata
Combinar marrones con azul marino
Arrastrar pantalones o faldas
Medias de colores
Vestidos con dibujos
Print de leopardo de colores
Pantalones de seda
Raparte un lado del pelo
Muchas prendas anchas juntas
Llevar joyas en exceso

CRAZY LIFE OF SHOES!

Photography: Albert Mullor

Me vuelven loca los zapatos, de todo tipo, aunque mi debilidad siempre han sido los tacones, los zapatos de tacón de vértigo. Un buen zapato, incluso una buena zapatilla, complementa todos los looks. Muchas veces creo mis outfits a partir de ellos, a partir de unos bonitos zapatos, por eso esta sección no podía faltar: una recopilación de mis favoritos. Primeras marcas, como Prada, Louboutin, Roberto Cavalli, y marcas *low cost*, como Asos, River Island, Jeffrey Cambpell, Top Shop o Lolita Blu.

En los zapatos tenemos que buscar la comodidad, y puedes llevar 16 centímetros de tacón e ir cómoda. SÍ, SE PUEDE. Lo importante es que lleven plataforma y esté compensada con el tacón. En cuanto a los zapatos planos, soy una fan de las míticas zapatillas Converse, los botines y los zapatos masculinos.

El negro siempre es el ganador; negro con detalles dorados y, a veces, plateados, aunque personalmente suelo tirar más por el dorado. Y como no, el print, ¡el print de leopardo! ¡PISA FUERTE!

MAKE UP AND HAIR!

Photography: Albert Mullor

DAILY MAKE UP

Los looks naturales son los que solemos usar para el día a día.
Éste es mi maquillaje estrella, mi maquillaje para todo: corrector; una base que cubra el rostro sin ser agresiva, del mismo tono que la piel, y colorete, en algunos casos, en tonos marrones cobrizos, y en otros, rosados, dependiendo del día.
El rosado consigue un look más dulce y los marrones broncean más.

En los ojos, dos únicos productos: eyeliner y máscara de pestañas, mucha máscara de pestañas.
Los que me conocéis ya tenéis más que vista mi querida raya de ojos, y es que, prácticamente, no voy sin ella a ningún lado. A veces la acentúo más, otras, menos, pero siempre está.
Mi querido rabito, así la llamo yo.

En los labios suelo usar dos tonos, a juego con el colorete que lleve: o bien me los perfilo con un perfilador suave y añado el pintalabios Taupe de Mac (como en el caso de la fotografía), o bien, si me decanto por los rosados, uso Benetint de Benefit, un líquido que realza el color rosita de nuestros labios. Queda natural y precioso.

El pelo totalmente natural, con un liso con movimiento.

RED LIPS

El pintalabios Russian Red de Mac, un rojo mate inigualable, mi pintalabios estrella. Siempre va conmigo, en mi neceser, en mi bolso, en mi chaqueta, en mis eventos, en mis días y en mis noches. Puedes añadirlo a tus looks de diario pero, sin duda, es el rey de la noche. Con los ojos ahumados en negro, o en marrón, o con toques de luz blanca, y es que con unos labios rojos, casi todo vale. Es un toque muy necesario y sexy.

Para el pelo, me gustan las ondas naturales hechas con tenacillas, y las melenas muy salvajes y con movimiento. Éste sería mi peinado estrella, mi peinado para todo.

SMOKEY EYES

Para unos ojos poderosos están los Smokey Eyes (Ojos Ahumados).
Un maquillaje que suelo utilizar bastante, sobre todo en tonos oscuros
como el negro y el marrón, aunque el rey vuelve a ser el negro.
Hay ahumados de todo tipo: más marcados o menos, con eyeliner o sin él,
pero todos potencian los ojos y nos proporcionan una mirada fuerte y guerrera.

Mi ahumado favorito es, quizá, el más fácil: sombra negra en crema
siguiendo el contorno de las cejas; encima, sombra negra en polvo
para darle la forma perfecta; raya encima con eyeliner y ¡wuala!
También se puede jugar dando luz con colores más claros en el lagrimal,
añadiendo la raya de abajo, incluyendo pestañas postizas o cambiando los colores.
Para tener un look con más fuerza todavía, agito mi melena
con las ondas previamente hechas, deshago por aquí,
muevo por allí y ¡éste es el resultado!

MAKE UP

Colorete: Siempre llevo conmigo estos dos tonos para darle color a mis pómulos: uno marrón de Bourjois y uno rosa de Sephora, junto a su correspondiente brocha. No podría vivir sin ellos.

Labios: Para el día a día siempre uso Benetint de Benefit, que es un líquido que tiñe los labios y que también sirve para mejillas. Y mi mejor amigo: el pintalabios Russian Red de Mac, junto al perfilador del mismo color.

Ojos: Eyeliner líquido de Rimmel London, máscara de pestañas de YSL (aunque normalmente uso Scandaleyes de Rimmel London), lápiz negro y sombra color negro carbón de Mac.

Rostro: Siempre aplico la base de maquillaje con una brocha; el resultado es mil veces mejor. Llevo años utilizando la base Match Perfect de Rimmel London y el corrector de Clinique.

RIMMEL
LONDON
EXAGGERAT
EYE LINER
.08 fl oz 2.5

RIMMEL
MATCH
PERFECTION

HAIR

Siempre uso los champús de Moroccanoil extra volumen y los voy combinando con los hidratantes de la misma marca para no usar siempre los mismos. Mi complemento estrella para el pelo sin duda es el aceite de Moroccanoil, que aplico SIEMPRE una vez me seco el pelo. Cuida la melena, le da brillo y la protege. Desde que lo descubrí va siempre conmigo a todos lados. En verano suelo usar mucho Beach Waves de Aussie, un producto con el que consigues unas ondas surferas y un acabado perfecto.

SELFIES

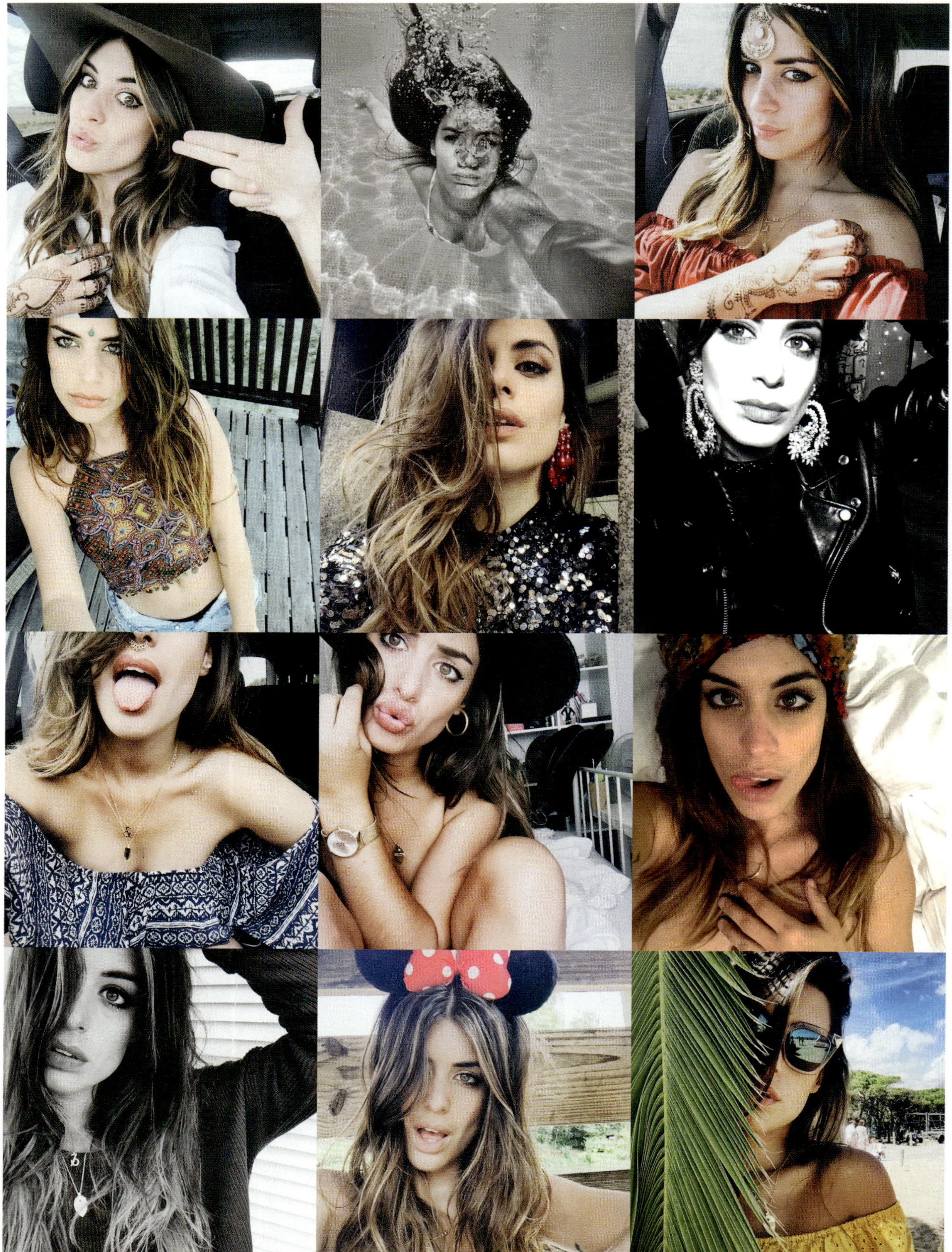

OXFORD
STREET

CHANEL
TAXI

AGRADECIMIENTOS ESPECIALES

A Eva, a Vanessa y a Libros Cúpula por confiar en mí
y dejarme hacer esto tan bonito.
A mis chicos poderosos, mis fotógrafos. Gracias a Sergi,
quien se ha encargado de que el apartado Spring/Summer brille,
por llenarme el WhatsApp de ideas, de localizaciones y no hacerme caso
y querer hacer más y más fotos, pero sobre todo por ser una
de las mejores personas que conozco.
A Lucas, por la maravillosa portada, la cara de todo esto,
por ser un bebé de verdad y enseñarme tanto, siempre a mi lado.
A Albert, por ser pura inspiración para mí; sólo él hace
que me sienta como me siento frente a su cámara.
A Gerard, por ponerlo todo tan fácil, por sacarme tan bien
con su famoso flash y por sus ganas.
A Javi, por su paciencia e ilusión conmigo y en cada una de las fotografías.
A Joe y a New Look, por estar siempre disponibles para mí y ponerme tan bella.
La mejor peluquería en la que he estado, the one and only, New Look Barcelona.
A Sergi Pedrero, por caminar conmigo en lo personal y en lo profesional,
por darme siempre fuerzas, por estar siempre a mi lado,
por ayudarme y aconsejarme en todo.
A Carlos Sadness, porque con sólo una frase me ayudó
más de lo que se imaginaba.
A mi chica, porque sin tener ni idea me ha aguantado durante los meses
de trabajo que ha conllevado este libro, y por amarme así de bien.
A mi familia, por creer en mí.

Y a todos los que día a día me apoyáis, mis preciosos seguidores,
que tanto cariño me dais. Y a ti, por haber pasado un rato conmigo
y haberme elegido.

GRACIAS, DE CORAZÓN. OS QUIERO.